我能管好我自

U0001324

漫畫小學生
情緒管理

我能管好我自己：漫画小学生情绪管理

文・圖╱**讀書堂**

人物介紹

戚小風

性格開朗但有時調皮搗蛋，自詡聰明卻時常犯錯的「小屁孩」，沒有時間觀念，經常遲到，喜歡和家長頂嘴，但善良正直，喜歡幫助別人。

苗小花

個子不高有點兒瘦小的短髮女孩，和戚小風從小一起長大。成績好、乖巧懂事，是老師和父母眼中的好學生、好孩子，但有的時候有些敏感、慢熱、不擅長社交。

熊博士

戚小風父母和苗小花父母的朋友，智力超群尤其擅長兒童教育，是孩子們眼中無所不知的人，富有親和力，經常幫助孩子們解決生活中遇到的各類難題。

前 言

　　情緒是對客觀事物的態度、體驗及相關的行為反應。常見的情緒有快樂、憤怒、傷心、害怕等。情緒是千變萬化的心理狀態，心理會引響生理，譬如：高興的時候開懷大笑，難過的時候傷心流淚，生氣的時候心浮氣躁，害怕的時候臉色蒼白、手腳無力。

　　我們要認識情緒並非洪水猛獸，它是可以控制和調節的。當我們在表達情緒時，也要留意負面情緒的傷害；預防保健不只重視身體健康，也要注重心理的成長變化。

　　本書透過漫畫情境引導來瞭解和認識情緒，主角苗小花是一個敏感細膩的小女孩，慢熱地她轉學後的不適應，引起了很多情緒的變化。與此同時，樂觀開朗的戚小風在開學後也有新的學業壓力。兩人該如何面對這些

新挑戰？又將如何化解負面情緒？

在三十四個情境裡和主角一起展開冒險、學習情緒自我管理。我們的成長過程都有酸甜苦辣，也隱藏著許多不為人知的煩惱，只要擁有一顆樂觀的心，就足以戰勝所有的困難。

情緒是把雙面刃：危險時會開啟防禦模式來保護自我；但若太過鋒利也會傷到自己。所以我們學會與情緒和諧共處後，當情緒變化時就容易管控，也等於掌握了「情緒密碼」。

請一起記住：帶著微笑看世界，世界也會轉身微笑擁抱你。

目錄

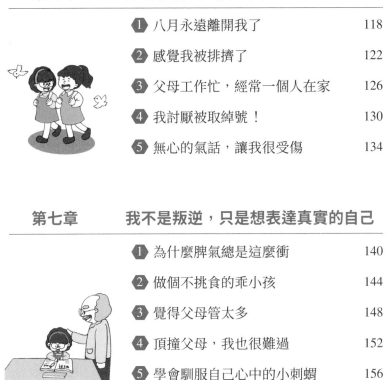

第一章

不做「野孩子」

公共空間裡興奮地大喊大叫

媽媽！趕快來看這邊！

　　戚小風的爸媽週末帶他到博物館看展覽，好久沒和爸媽一起出來玩的他今天特別興奮。展覽的繪畫色彩豔麗、栩栩如生，引起戚小風的興趣，他因此興奮地在館內跑來跑去，甚至還大喊大叫。即使戚小風已經引來旁人的注意，但他並沒有意識到自己的舉動不適合之處，還繼續興奮地手舞足蹈。

博物館，我來囉！

媽媽，快來看啊！這幅畫的貓跟我們家的貓好像啊！

▶▶ 快樂很重要，表達要適時

與人分享快樂的心情是非常好的，因為你可能會獲得雙份的喜悅，但是分享時要注意時間、場合以及對方的感受。

在公共空間時要保持禮貌，留意音量和動作、避免追逐奔跑，要記得做個懂禮貌、遵守秩序、體貼他人的好孩子。

▶▶ 當快樂的情緒影響到別人時，要及時表達歉意

當你沒有控制好自己的情緒，不小心打擾到別人時，要真誠地向對方道歉，並請求對方原諒。能夠勇敢承認錯誤，就是成長的第一步——不做「野孩子」，一起來做有禮貌的榜樣。

▶▶ 用心觀察，看看周圍的人怎麼做

到新環境時我們因不清楚規則，可能會在無意中做出錯誤的舉動，這是非常正常的。所以在這種情況下，如果你感到不知所措，不妨停下來看看，觀察一下周圍的人，說不定可以減少一些錯誤的行為。

自我管理我最棒

　　雖然我們目標是活潑開朗、樂觀積極的小孩，但要多留意體貼他人。往後到公共空間要記得遵守秩序、保持安靜的禮貌，還有學會看場合表達快樂，學習成為懂禮貌的小孩。

情緒測驗：

讓你感到快樂的事情有很多，測測看這些事讓你開心的程度吧！

1. 被老師或父母誇獎：

□ 非常開心　　　□ 很開心　　　□ 一般

2. 吃到美食或收到夢寐以求的禮物：

□ 非常開心　　　□ 很開心　　　□ 一般

3. 幫助別人，感受到自己被需要：

□ 非常開心　　　□ 很開心　　　□ 一般

4. 和朋友分享自己感興趣的事或開心的經歷：

□ 非常開心　　　□ 很開心　　　□ 一般

5. 與父母或朋友一起出去玩、旅行：

□ 非常開心　　　□ 很開心　　　□ 一般

6. 認識新朋友：

□ 非常開心　　　□ 很開心　　　□ 一般

如果讓你感到開心的事很多，表示你是一個容易快樂的人！請繼續保持，並且把你的快樂帶給大家吧！

2 高興時的惡作劇

今天戚小風和隊友在班級足球賽贏得冠軍，他實在太高興了。在走廊的轉角處，戚小風恰巧碰到了悶悶不樂的苗小花。

「她怎麼了？今天不開心嗎？」戚小風默默地在心裡想著，他突然想到可以躲在門後，悄悄地嚇一嚇苗小花，也許可以逗她笑。沒想到苗小花被嚇到後反而生氣地走了。

熊·博·士·有·話·說

▶▶ 不要把快樂建立在別人的痛苦之上

我們要謹防自己因一時興起而做出傷害別人的事情。因為你在高興的時候，受激動情緒的影響，有時很難冷靜下來做出正確的判斷，甚至意識不到事情的嚴重性。切記不要把自己的快樂建立在捉弄別人的基礎上，要多站在對方的角度考慮問題，杜絕惡作劇。

▶▶ 過度的玩笑會傷害別人

開玩笑要適度，過分的玩笑只會引起大家的反感，有的時候會被別人當作嘲笑和譏諷。為了防止不恰當的玩笑，我們可以先在心裡問問自己「這樣合適嗎」，不要因為不適宜的玩笑傷害了別人。

你認為惡作劇是開玩笑，卻有可能會給別人造成傷害。

自我管理我最棒

我們總是在感到高興的時候對身邊的人做惡作劇，或是為了尋找快樂而做惡作劇，其實這是不對的，這可能會傷害到對方。因此要杜絕惡作劇，學會照顧他人的情緒，不亂開玩笑，這才是正確的做法。

情緒日記

3 興奮得無法入睡

現在太晚了，你該睡覺了。

　　國慶日當天，爸爸開車帶著一家人來到一座城市旅遊。這一天戚小風過得簡直太開心了，他遊覽了當地的名勝古跡，品嘗了當地的特色小吃，還和爸爸媽媽一起拍照留念。到了晚上，回到飯店的戚小風依然毫無睡意，嚷嚷著要爸爸陪他一起看動畫片，但是爸爸開了一天車已經很累了。媽媽催促戚小風趕快去睡覺，他卻依舊握著遙控器不放。

九十九隻羊、
一百隻羊……

▶▶ 過度興奮會損傷神經系統

　　如果一直處於非常興奮的狀態，情緒就會過度高漲，導致玩到停不下來。這樣不僅會影響他人休息，長期如此，還會損傷自己的神經系統。

▶▶ 適當轉移注意力，讓自己靜下來

　　愛玩是每個孩子的天性，但不能沒有節制。雖然孩子的精力比成人的充沛，但孩子不能一直參加強度大、刺激的活動。要懂得動靜結合，培養一些靜態的興趣愛好，這樣我們的生活才會更加豐富多彩。不能一直讓自己的情緒處於亢奮之中，休息得好，我們才能玩得更愉快。

原來插花也這麼好玩。

自我管理我最棒

　　情緒狀態也要張弛有度哦，不能一直興奮，否則會把自己弄得很疲憊，還可能對我們的身體造成傷害。要學會自我調整，即使自己很開心，也不能影響其他人休息，擁有充足的睡眠，第二天才能更好地玩耍！

高興的表現：

★ 滿臉笑容。

★ 走路時腳步輕鬆。

★ 不自覺地手舞足蹈。

★ 做什麼事情都充滿活力。

★ 想與親近和喜歡的人分享快樂。

高興的好處：

★ 大腦和身體都處於活躍的狀態，反應
  速度變快。

★ 可以帶給別人快樂，結交更多朋友。

★ 心情愉悅，精神狀態良好。

★ 可以提高人的免疫力，大大增強抵抗
  疾病的能力。

★ 可以增強人的記憶力。

客人面前的「瘋」孩子

　　星期六吃完早餐的戚小風坐在自己房間的地毯上玩積木，一切與往常一樣。此時，爸爸的同事張叔叔來家裡做客。爸爸給客人端茶倒水，兩個人開心地聊了起來。這時的戚小風也無心待在自己房中玩耍。他躲在門後偷偷觀察，見兩個人交談甚歡，並沒有注意到自己，便從門後跑出來湊熱鬧說「爸爸，你們在聊什麼呀？和我有關係嗎？」戚小風接著不停地插嘴，見沒人理會他，他便開始計畫一齣「大戲」。

他們在聊什麼呀？我出去看看吧！

我們在聊工作，你回房間玩啊！

爸爸，你們在聊什麼呀？和我有關嗎？

▶▶ 不應該用「瘋」去贏得注意

　　當父母無暇顧及我們的時候，我們總感覺自己受到了冷落，這時可能會試圖通過一些不正確的行為去吸引父母的注意。這種心情是可以理解的，但方式是錯誤的。雖然是孩子，但也不能胡鬧。和父母溝通，我們要用正確的方式表達自己的訴求。

▶▶ 想要表現自己，可以先徵求父母的同意

　　無論是面對熟人還是陌生人，我們都想透過表現自己來贏得對方的好感和表揚。但是應當選取一種比較禮貌的方式，可以先跟父母商量，在徵得父母同意以後再為大家表演節目，比如背詩、唱歌、跳舞等。這樣不僅能滿足自己的表現欲望，還能贏得客人的喜愛。

自 我 管 理 我 最 棒

　　當遇見客人或者新朋友時，我們會感到很欣喜，但不能故意製造小動作去吸引他們的注意，這樣很可能會因為沒有管理好自己的情緒而讓對方尷尬，我們應該以禮貌的態度和他們交談。

情緒
日記

....

....

....

....

....

5

微笑可以傳遞快樂

今天苗小花寫的作文被老師表揚了，還被選為範本在全班同學面前朗讀。苗小花高興極了，開心得在走廊轉起了圈圈，同學們看著她也都開心地笑了。放學時苗小花邁著輕盈的腳步走出校園，晚霞映照在江面上，波光粼粼的太好看了；路邊的花朵似乎更嬌豔了；小鳥像是唱歌一樣，在樹上嘰嘰喳喳地叫著。一路上苗小花遇見的每一個人的臉上都帶著笑容，就連平時看上去嚴肅的鄰居文爺爺，今天也主動和她打招呼了。

▶▶ 微笑是陽光，能傳遞能量

微笑是有能量的，我們在面對別人微笑的時候，自然而然會受到快樂情緒的感染，自己的心情也會變得好起來。同樣的道理，我們的微笑也能向對方傳遞快樂。所以請不要吝嗇你的微笑，做一個會發光、發熱，能給別人帶來快樂的「小太陽」吧！

熊博士，微笑真的可以傳達快樂嗎？

當然，微笑不僅能傳遞快樂，還可以送出友好、禮貌和尊重呵！

▶▶ 做個快樂的「小天使」

快樂是一種很簡單，也很重要的情緒，擁有快樂會讓我們更自信和勇氣。快樂有時還能沖淡我們的一些負面情緒，比如壓力、焦慮，甚至還能緩解痛苦。努力做一個快樂的人，善於發現生活中的美和驚喜，你就會更接近幸福。

媽媽，我開心的時候感覺好像要飛起來了。

這就是正向情緒的養分，它可以讓你更健康的成長。

自我管理我最棒

微笑真的是太棒啦！它既能幫助我們健康成長，又能將快樂傳遞給別人。我也要時時刻刻保持微笑，做一個帶來陽光與快樂的孩子。學會幫助別人、分享快樂，都能讓我們穫得更多的快樂。快樂其實很簡單，讓我們當個傳遞陽光與快樂的「小天使」吧。

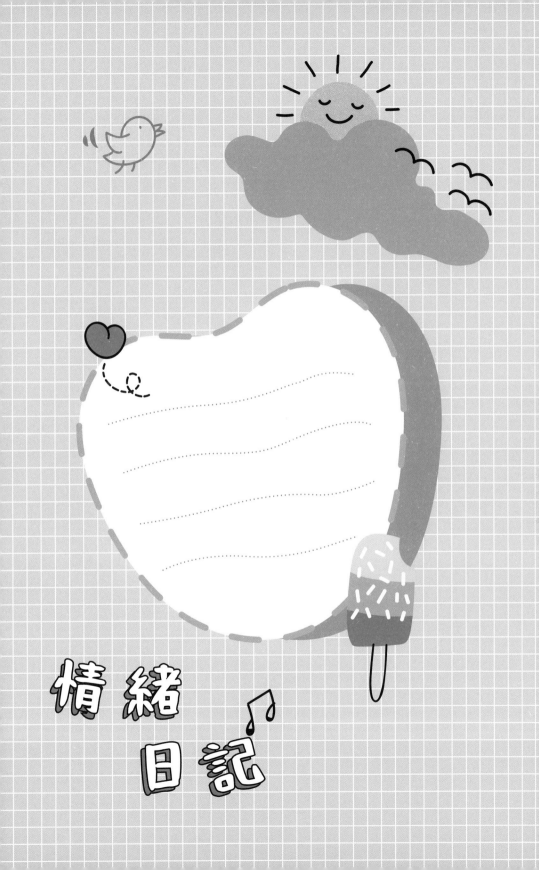

第二章

心中的憤怒要爆發了

媽媽不看好我的興趣

　　媽媽為了能讓小花多元發展,幫她報了不少才藝班。但是小花對課程都不感興趣,最讓她生悶氣的是少了和朋友一起玩的時間。 就像今天有侏羅紀的表演,小花也想和朋友一起去看。可是要去鋼琴課的她,不知道如何向媽媽開口。再加上媽媽不理解小花,讓她更生氣了,在激動情緒下便和媽媽吵起來。

▶▶ 憤怒感受請適當釋放

媽媽,我最近有點不開心,能和您聊聊嗎?

　　在面對父母師長的嚴格要求或生活中不如意的事時,我們通常因為害怕而不敢表達,久而久之不滿的情緒會越積越多,成為日後憤怒爆發的導火線。這種忍耐情緒的方式是不正確的,對我們的身心健康也不利,要試著去釋放心中的憤怒感。

▶▶ 說出來才能讓對方理解我們

　　生活中,我們生氣的主要原因是:我們認為「本應該這樣」,但結果「沒這樣」,就受到刺激,情緒波動而心生怒氣。不過,若轉念想一想,就會明白沒有什麼情況是「應該」或者「必須」的,我們自己也常常很難做到。因此,減少對別人的要求,讓自己的心胸變得更開闊吧。

雖然媽媽是世界上最瞭解我的人,但心裡的想法不說出來的話,就算是媽媽也猜不透我。

自 我 管 理 我 最 棒

　　憤怒是一種非常可怕的情緒,它會讓我們變得激動暴躁,喪失理智,做出一些傷害自己和他人的事情。找到憤怒的根源,嘗試著去溝通,或者換一種方式去思考,用更緩和的方法去解決問題,這樣我們才能更快地走出憤怒。

情緒日記

2 排隊的時候有人插隊

　　昨天媽媽帶戚小風放學後一起去超市採購，正好遇到人潮最多的時候，收銀台前排著長長的隊伍。戚小風看著隊伍，無奈地對媽媽嘆了一口氣，媽媽被小風可愛的模樣逗笑了。眼看終於就要輪到小風了，卻突然有位叔叔匆匆忙跑來，還差點撞掉媽媽的購物籃，更誇張的是他還直接站在小風和媽媽前面，因此小風很生氣，正想和他理論時卻被媽媽阻止了。

熊博士有話說

▶▶ 遇到錯誤的行為，善意地提醒對方

理直氣要和，友善的循環對彼此更好。

　　當我們遇到有人插隊時，通常會感到不滿和憤怒，這表示我們是有正義感的人。但我們不應該以憤怒的方式來制止插隊行為，因為這樣很有可能激怒對方，甚至進一步產生衝突。其實我們只要善意地提醒對方即可，讓他意識到錯誤，能有台階下才是明智之舉。

▶▶ 如果對方不聽勸阻，記得冷靜處理

如果對方不聽勸，記得控制好自己的情緒，試著寬容和諒解對方。

　　如果對方不聽勸，這時我們首先要記得控制好自己的情緒，因為生氣通常會讓我們做出違背本意的事。試著寬容和諒解對方，這麼做能幫自己平靜下來。請記住無論如何要先冷靜下來，也可以向信任的大人求助，尋求支援來解決問題。

自我管理我最棒

　　插隊是非常不好的行為，所以當我們遇到有人插隊時，會感到生氣是很正常的。但是我們要練習控制憤怒的情緒，不要被負面情緒綁架，要用正確的方式處理，要記得——寬容別人也是寬容自己。

情緒日記

心愛的玩具捐出去了

　　暑假到了，戚小風的表姑帶著孩子小雨來小風家中做客。表姑一家定居在國外了，平時很少回來，小風還是第一次見到這個常被媽媽掛在嘴邊的表姑。表弟小雨比小風小兩歲，是個調皮好動的小男孩。媽媽叮囑小風帶著弟弟一起玩，但小雨是個「搗蛋大王」，他把小風搭好的積木城堡推倒了，還撕破小風的漫畫。要回家前他抱著小風心愛的變形金剛不放手，媽媽便對表姑說：「拿著吧！就當作哥哥送給他的禮物。」但是小風很氣憤，因為這是苗小花送給他的生日禮物。

▶▶ 調整心態，想想都是小事

可以試著反省會不會是自己太小氣了？這樣的自省能幫助我們的情緒有緩衝的空間。

　　別人動了你心愛的東西，氣憤是很正常的，因為會有權益受到侵犯的感受。可以試著調整心態，告訴自己「其實並不是什麼大事」、「沒那麼嚴重」，以此來紓解內心的氣憤。也可以試著反省會不會是自己太小氣了，這樣的自省能幫助我們的情緒有緩衝的空間，也許能因此降低許多怒氣。

▶▶ 深呼吸，學會自我安慰和調整

　　緩解因生氣而產生的煩悶，調整呼吸的方式會很有用。深吸一口氣，再緩緩地吐出來，或者想像自己正在吹氣球。這樣安撫情緒的同時又能達到緩解煩悶的作用，不僅可以降低憤怒，甚至還能減輕生氣的破壞力。

世界如此美好，我卻如此暴躁！深呼吸、深呼吸。

自 我 管 理 我 最 棒

　　在生活中難免會生氣，為了避免生氣衝昏頭而做出的懊悔的事，我們可以採用一些技巧來緩解憤怒情緒，比如自我反省或者深呼吸等。

生氣的表現：

★ 面無表情、不理人的生悶氣。

★ 呼吸不順暢，甚至身體發抖。

★ 沒耐性，容易為小事而暴躁。

★ 想要摔東西、拍桌子，來向別人傳達生氣的資訊。

★ 情緒激動，有流淚的衝動。

生氣的危害：

★ 會做出魯莽或激動的行為，對大腦中樞產生不良刺激。

★ 生氣時由於心情不能平靜，導致睡眠不足讓精神恍惚、無精打采。

★ 會說出言不由衷的話，傷害到親近的人。

★ 食慾變差，長期會導致消化功能紊亂。

★ 循環功能受影響，腹部疼痛最常見。

爸爸誤會我了

> 我明明沒做錯事，
> 爸爸卻誤會我。

　　今天許老師出一樣作業，要讓大家練習上網查資料並在班級網頁上完成登記。到家後小花和媽媽講了這項要用電腦完成的作業。媽媽答應借她使用電腦後，正當小花在電腦前努力完成作業時，爸爸下班回來一看到坐在電腦前的小花就很不高興，並且不由分說地責備小花：「妳怎麼又在玩電腦？」讓小花一聽又急又氣，明明是在查資料和完成作業，卻被當成在玩電腦。

一分鐘漫畫

047

熊·博·士·有·話·說

▶▶「冷戰」不能解決問題，得饒人處且饒人

爸爸也是第一次當爸爸，所以也要包容大人的犯錯。

每個人都可能犯錯，當我們生氣時，記得不要採取「冷戰」的方式，因為這樣是解決不了問題的，要主動去溝通交流。如果對方已經先向我們表達歉意，就不要一直抓著人家的錯誤不放，試著原諒對方的過錯，會讓彼此的感情更進一步。

▶▶ 產生誤會時，試著換位思考

人際相處或多或少會產生誤會，一方面可能是因為言行不夠準確表達，導致對方不懂我們的本意；另一方面或許是每個人對事情的觀點和理解不同，因此我們會不小心誤解別人或被誤解。所以發生誤會時，要學著換位思考，站在別人的角度去想，這樣會讓我們更瞭解對方，也可以幫助自己不再那麼生氣。

其實爸爸也是擔心我的課業，仔細想過後就沒那麼生氣了。

自我管理我最棒

　　雖然爸爸、媽媽偶爾也會犯錯、也可能誤會我，但我知道他們是愛我的，所以在面對誤會時就放寬心胸。人與人有些誤會很正常，要記得冷靜後和他們說清楚，不要在氣頭上隨意說傷害對方的話。

情緒
日記

5

約定好的事，對方放鴿子

　　小風和小花約定週末一起去看新上映的動畫電影。小花在這部電影的製作階段就開始期待了，因為主角個性生動有趣。可是媽媽平時工作忙，根本沒時間帶小花去看電影。這次小花和媽媽商量好久，說已經和小風約好不是一個人，媽媽這才放心讓小花去。小花一路上特別開心，因為終於可以看到期待已久的電影。可是約定的時間都超過半小時了，眼看電影就要開演，小風卻還沒到，小花這次壓抑不住心中的怒火了。

> 當然啊！前幾天看過首映的同學說真的很好看。

> 去看電影這麼高興啊？

熊博士有話說

> 你要知道生氣是對我們沒有幫助，反而還會增加更多煩惱。

▶▶ 堅定「生氣無用論」

平時我們要在心裡種下「生氣是沒有用的」這粒種子，在腦海中形成一種觀念，即生氣也起不了任何效用，也解決不了問題，這樣遇到問題時就不會那麼生氣。

▶▶ 無論是否生氣，都要清楚原因

我們生氣都是基於事情的結果，而很少去考慮結果產生的原因。不管我們有多生氣，都應該把前因後果瞭解清楚，然後再做出判斷。不要因為暴怒時情緒激動就不分青紅皂白，不給他人解釋的機會，這樣很容易造成誤會。

> 小花，對不起！我知道錯了，我真的不是故意的。

> 昨天約好了看電影，你為什麼沒來？

▶▶ 做一些開心的事來舒緩憤怒感

生氣的時候可以做一些讓自己開心的事，來轉移自己的注意力。比如吃自己喜歡的食物、做自己喜歡的事，和自己喜歡的人交談。這樣不開心的憤怒情緒就會被這些積極的情緒沖淡，也就沒那麼生氣了。不要把過多的精力放在生氣這件事上，否則你有可能錯過很多快樂。

自我管理我最棒

生氣並不能解決問題,所以不要把精力過多地放在讓我們生氣的事情上面,可以找點兒能讓自己高興的事做,比如吃甜點、看電影、做運動,都會讓我們暫時忘記生氣。冷靜下來以後,還是要瞭解事情的始末,瞭解原因以後,才能更好地解決問題。

情緒測驗:

讓你感到憤怒的事情有很多,測一測每一件事情帶給你的憤怒程度吧!

1.被冤枉後感到百口莫辯:

□ 非常生氣　　□ 很生氣　　□ 一般

2.被人強迫,不能按照自己的心意做事情:

□ 非常生氣　　□ 很生氣　　□ 一般

3.遭到別人的諷刺和辱罵:

□ 非常生氣　　□ 很生氣　　□ 一般

4.看到了一些不公平、不合理的現象(比如看到有人亂扔垃圾):

□ 非常生氣　　□ 很生氣　　□ 一般

5.發現被騙了:

□ 非常生氣　　□ 很生氣　　□ 一般

6.父母答應的事,卻沒按照約定去做:

□ 非常生氣　　□ 很生氣　　□ 一般

如果你被這些事情惹怒,就要學會控制憤怒,不要讓負面情緒影響你哦!

第三章

面對害怕的事情，
我該怎麼辦？

1 我不想去上學

> 好煩啊！我討厭學習，我不想去上學。

　　新學期轉眼到來了，苗小花轉學後第一次去新學校，面對陌生的環境、同學，苗小花開始恐慌和害怕，不知道該如何應對。新學期學業壓力變大了，數學變得越來越難，曾經學習成績優異的苗小花覺得在學習的過程中越來越吃力，人也不像從前那麼開朗自信了。面對這種感覺，讓她慢慢地產生討厭上學的情緒。

一分鐘漫畫

> 小花，妳怎麼了？看起來無精打采的。是還沒適應新學校嗎？

> 博士，我不想去上學了！

> 為什麼呢？發生什麼事了嗎？要和我聊聊嗎？

熊博士有話說

▶▶ 討厭上學是因為懼怕困難

困難是對我們的磨練，能幫助我們成長。

絕大多數情況下，我們逃避上學或學習，都是因為我們在學校或者學習的過程中遇到了困難，而我們內心對困難的恐懼促使我們想要遠離。但逃避並不能從根本上解決問題，久而久之還會為自己營造一個「心理舒適圈」，不願意去嘗試和挑戰。

▶▶ 加強心理建設，降低期望

對陌生環境和未知境遇的恐懼，主要是由於我們沒有做好心理準備。其實準備得越充分，我們越會覺得有把握，也就不再那麼恐懼了。事先針對可能會發生的各種情況做出心理假設，儘量提前考慮到一些不利因素，提早準備、降低期望，會讓你在面對突發狀況時能更有餘裕。

沒事，妳就是習慣優秀，別對自己要求太高了！

▶▶ 學會笑看挫折

我不能因為遇到困難就不去上學，我要勇敢面對挑戰！

挫折是成長的路上無法避免的，對一兩次的失敗不用耿耿於懷。調整好自己的心態後正視困難，然後一笑置之。培養自己堅強的意志力，勇敢地面對挫折，找到解決困難的方法，你會變得更有自信。當我們覺得困難時，要記得那是讓我們向上成長的契機。

自我管理我最棒

面對困難和挫折，我們都會產生恐懼，這種情緒使我們想逃避。我們可以嘗試轉換心態，改成去想：困難是頭「小怪獸」，只要打敗它，我就會成為巨人。越是害怕的時候越要給自己信心並主動出擊，自信是戰勝恐懼的法寶。

情緒測驗：

讓你感到恐懼的事情有很多，測測看你對不同事情的恐懼程度吧！

1.正要進到新環境：

☐ 非常害怕　　☐ 很害怕　　☐ 一般

2.要在眾人面前表達意見：

☐ 非常害怕　　☐ 很害怕　　☐ 一般

3.被別人威脅或欺負的時候：

☐ 非常害怕　　☐ 很害怕　　☐ 一般

4.下雨後開始打雷：

☐ 非常害怕　　☐ 很害怕　　☐ 一般

5.一個人處在黑暗的環境：

☐ 非常害怕　　☐ 很害怕　　☐ 一般

6.犯錯的時候：

☐ 非常害怕　　☐ 很害怕　　☐ 一般

如果你時常對一些事情感到害怕，不妨試著對害怕的事來練習，慢慢克服恐懼，其實沒那麼困難。

邊緣人!? 不想說話

　　苗小花最近發現，不知道為什麼自己變得越來越沉默寡言。在學校她很少主動和同學們交談，下課也總是一個人在座位上，就連學校的團體活動她也不太參加，漸漸地同學覺得她冷淡的態度不好相處。回家後她便把自己關在房間裡，父母帶她參加聚餐，她也總是一個人在角落裡玩耍。剛開始父母沒有在意，以為小花一向喜歡安靜，但時間一久便開始覺得她有點孤僻。

一分鐘漫畫

▶▶ 小孤僻來自對社交的恐懼

裝店

奶茶店

要打招呼嗎？還是裝作沒看到？

　　有時我們覺得自己有點孤僻，不想和人打交道，其實是因為我們害怕與人互動。很多人都說人際關係是很複雜的事情，因為很難知道對方心裡真正的想法。但是如果我們因此拒絕社交，別人也很難瞭解我們的想法。如果長時間不與人交流，我們就會喪失社交能力，變得越來越封閉，甚至連生活也受影響。

▶▶ 不要在原地等待別人主動

　　性格內向的人總是等待周圍人主動找自己說話，遲遲不主動先邁出第一步，甚至誤會是別人不想理自己。其實不妨鼓起勇氣先走出去，戰勝社交恐懼感，嘗試突破自己的社交界線，你一定會有更多收穫。

芳芳，等下放學我們一起走吧。

好啊！我早就想找妳一起了。

自 我 管 理 我 最 棒

　　人際關係是非常重要的，因為人類社會是群體生活。我們不能因為害怕與人交流就拒絕社交，要自己先主動做出改變，勇敢踏出第一步，這樣就能體會人與人之間交流的快樂。

情緒
日記

3 缺乏勇於認錯的勇氣

怎麼辦？我不敢承認錯誤，我怕被罵。

石老師在自習課時，臨時有事要離開幾分鐘，離開前耳提面命大家要保持安靜自習。結果老師前腳剛走，全班就吵翻天了，尤其是戚小風和張強玩「遊擊隊」的遊戲，還放肆地大喊大叫。今天早上石老師被教導主任叫去，回來後臉色很不好，她希望吵鬧的同學可以主動承認自己的錯誤，但是戚小風沒有勇氣，他害怕被罵，更怕破壞自己在老師心目中的形象。

一分鐘漫畫

都不讓我可以片刻放心。

昨天自習課沒有保持安靜的人，我希望可以自己來向我承認。

▶▶ 逃避可能會導致更大的恐懼

張強會不會去找石老師告狀啊？

　　恐懼會讓我們喪失勇氣，但錯誤不會因為逃避而消失，反而我們還會因為心中藏了秘密而陷入更深的不安之中。時時刻刻怕被人發現、被人識破，這種感覺是非常煎熬的，會讓我們變得更恐懼和內疚。所以做錯事就要勇敢地面對它，努力做出改變，這樣我們的心裡會輕鬆很多。

▶▶ 犯錯不可怕，可怕的是沒有承認錯誤的勇氣

　　因為不敢承擔犯錯誤的後果，就不去承認錯誤，這是不正確的。承擔所犯錯誤的後果，是為了提醒我們下次不再犯同樣的錯，所以不能怕被訓斥和懲罰就選擇逃避。所謂人非聖賢，孰能無過，只要知錯能改，就會得到原諒。但我們如果因為害怕而不去承認，別人也會因為我們不誠實的行為而疏遠我們。

每個人都會犯錯，只要勇於認錯，石老師會原諒我的。

自我管理我最棒

　　當我們做錯事時，內心感到害怕是正常的，說明我們已經意識到了錯誤。不過我們要學會控制好自己的恐懼情緒，以避免犯更大的錯誤。

情緒日記

4 怕痛怎麼辦

嗚⋯⋯媽媽，打針在針扎進去的瞬間真的好痛。

沒事啦！沒那麼恐怖，妳看比妳小的小朋友都不怕。

醫院

　　這幾天小花生病了，身體很不舒服，媽媽打算帶她去醫院做一個詳細的檢查，可是她卻很抗拒，因為她真的太怕痛了。她想到每次媽媽帶她去打疫苗時，她都是牢牢地抓住媽媽的手臂不肯放，滿手都是手汗，眼淚在眼眶打轉。尤其在等待時的緊張，心臟就像要跳到喉嚨一樣，那種感覺太煎熬了⋯⋯

妳這樣拖下去會更嚴重，再這樣咳下去會咳出其他問題。

妳今天有吃帶去的藥嗎？

吃了。

▶▶轉移注意力，可以緩解恐懼的情緒

為什麼一邊看卡通影片一邊打針時，就覺得好像不痛？

我們之所以感覺打針很痛，是由於恐懼，神經系統使我們的注意力高度集中在防禦恐懼的事情上，感覺器官也比平常更敏感。所以在害怕的時候，可以做些自己感興趣的事情，轉移注意力，不要在恐懼的事情上停留太長的時間。

▶▶ 針對恐懼的事情，把它數據化

其實我們產生恐懼多是由於我們的憑空想像，不自覺地將疼痛放大了，但如果將其轉變成我們日常熟悉的東西，就會還原真實的情況，也就沒那麼恐懼了。例如：打點滴很痛，但是和牙痛相比，打點滴是不是就顯得沒那麼恐怖了呢？

打點滴的痛可能只是牙痛的十分之一，而且不會持續下去，很快就結束了。

自我管理我最棒

正確的處理方式和合理的接觸訓練，能幫助我們減輕對一件事情的恐懼。就像有的人怕高、有的人怕黑、有的人怕打針……每個人害怕的事物可能都不一樣。因此千萬不要因害怕而自責，更不要覺得丟臉而失去自信心。

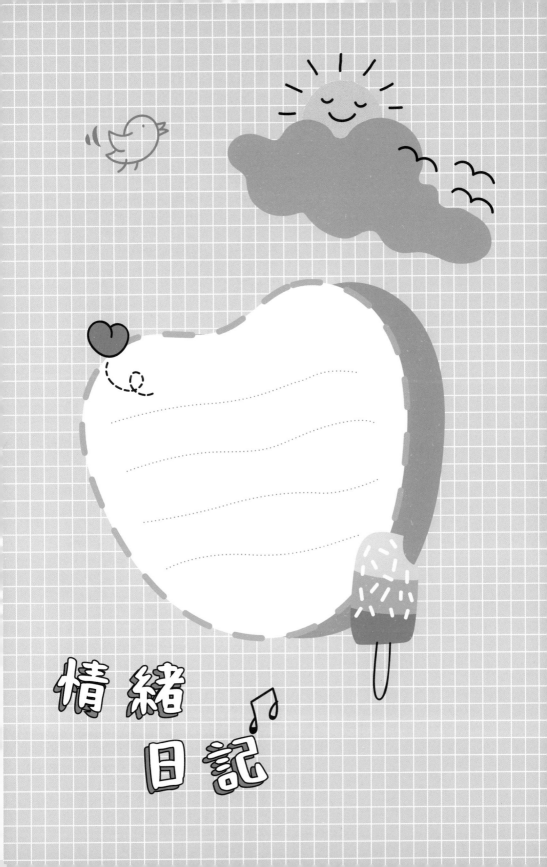

情緒
日記♪

第四章

焦慮不安的我，
期待看見陽光

壓力山大！我想生氣

小風最近火氣很大，動不動就想要摔東西，他也不知道自己怎麼了。以前好朋友張強和他開玩笑，他都會跟著一起哈哈大笑，但是現在他只會一臉不耐煩地說：「哪裡好笑？」後來張強知道了小風易怒的原因。原來小風的父母對他的成績有更高的要求，同時小風作為廣播站的成員，還要兼顧播音工作，而且他在足球校隊也要時常訓練。這些都讓小風的壓力越來越大，因此陷入焦慮的情緒中。

▶▶ 認識焦慮才能更好地對抗焦慮

做事時如果感到難以專注、坐立不安、焦躁易怒，很有可能是因為你陷入了焦慮情緒之中。焦慮會讓你心跳加快，看起來簡單的事情，完成起來卻變困難。當我們擔心不好的事情發生時就會感到焦慮，在壓力大的時候，也會感覺到很焦慮。

▶▶ 精力有限，不要同時做太多事

人的精力是有限的，當你同時做太多事時，就會很容易因為無法兼顧而心煩氣躁。因此我們先從做一件事開始，不要有太大的壓力，盡力就好。當你只做一件事情的時候，注意力就會很容易集中，你也會因此而做得更好。做好計畫，按計劃一步步實行，你就不會再那麼焦慮了。

自我管理我最棒

人在焦慮情緒中是很難做好事情的，同時也會承受非常大的心理壓力，嚴重的話還會影響到正常的生活。所以想要和易怒說再見，首先要學會管理自己的焦慮情緒，避免給我們的身心帶來負面影響。

情緒日記

2 小寶寶出生了!爸媽還會愛我嗎?

　　媽媽懷孕了,肚子裡有小寶寶。媽媽對小花說,每個人都是這樣慢慢長大的;爸爸笑著對小花說,她馬上就要有小弟弟或小妹妹了;外婆對小花說,小花是姐姐,今後要學習多照顧弟弟、妹妹;身邊的朋友也對小花說,家裡有弟弟、妹妹一點也不好,父母總是偏心他們。小花開始越來越擔憂,多了一個孩子的家裡,會有什麼變化嗎?爸爸、媽媽還會愛我嗎?

▶▶陷入情感焦慮該怎麼辦？

> 原來爸爸、媽媽對我的愛不會消失，還會多一份給弟弟、妹妹的愛。

孩子很敏感，對父母的依賴也很強烈，當家裡出現新的家庭成員，而他們卻沒做好準備的時候，很容易變得焦慮，會害怕父母對自己的照顧和疼愛因新成員的加入而減少。其實我們可以試著調整心態，多去想想新成員到來的好處，比如有人一起玩耍等。

▶▶ 不要把焦慮埋在心裡

如果你一直為即將到來的某件事擔心，這件事怎麼想卻始終沒找到解決辦法，就會被它困擾而陷入焦慮。若是靠自己的力量無法解決時，不妨對信任的人講出來；或者試圖向使你焦慮的事求證，儘早得到確定的答案會讓你更快地擺脫焦慮。

> 你可以把你的擔憂告訴父母。

▶▶讓自己快速地走出焦慮

焦慮是一種非常危險的情緒，人在焦慮時會感到頭暈眼花、煩躁，還可能出現冒汗、口乾舌燥、咬指甲、飲食不正常、失眠、做惡夢等反應，嚴重的還可能變成焦慮症。緩解的方式有：洗個熱水澡來放鬆一下身體、聽輕緩舒適的音樂、保持充足的睡眠……等等。

自我管理我最棒

爸爸、媽媽並不會因為家裡多了一個孩子而減少對我們的愛，因為我們也是爸爸、媽媽的孩子。當我們因為這件事而陷入擔憂，變得焦慮的時候，可以去找爸爸、媽媽說出不安和困惑，不要一個人默默地把事情藏在心裡。

情緒測驗：

讓你感到焦慮的事情有很多，測一測每一件事情帶給你的焦慮程度吧！

1. 即將和好朋友分別：

☐ 非常擔心　　　☐ 很擔心　　　☐ 一般

2. 快要考試了，對自己的考試成績：

☐ 非常擔心　　　☐ 很擔心　　　☐ 一般

3. 自己的表現達不到父母的要求：

☐ 非常擔心　　　☐ 很擔心　　　☐ 一般

4. 面對未知的挑戰（譬如學游泳）：

☐ 非常擔心　　　☐ 很擔心　　　☐ 一般

5. 對自己的要求非常高，總是擔心自己做得不夠好：

☐ 非常焦慮　　　☐ 很焦慮　　　☐ 一般

6. 父母總是吵架，還常常吵著要離婚：

☐ 非常擔心　　　☐ 很擔心　　　☐ 一般

如果你時常感到擔憂和焦慮，可以聽聽音樂、看看電影，或用其他方式緩解自己的焦慮情緒。

3 黏人的跟屁蟲

> 爸爸，
> 您不要走！

　　小花的爸爸最近因工作調整，需要到外地出差半年，爸爸、媽媽決定提前將這件事告訴小花。從出生到現在，小花從未與父母分離過，這件事讓她很難接受。何況在小花來看，半年的時間是很漫長的。一向聽話懂事的小花突然變得不安起來，她心裡每天都在想著爸爸即將要離開的事，上課時也無心聽講，整個人開始變得很焦躁。

> 快出門吧！
> 不然上學要
> 遲到了。

▶▶ 分離並不代表分別

雖然爸爸不能在家陪我,但是我可以時常給他打電話啊!

　　分離焦慮是指當面對離別時,會產生一種不適應感。在一般情況下,孩子的表現會比大人更明顯一些,這與我們的成長狀況以及與親人的親密程度有關。首先我們要明白,分離並不代表著分別,要慢慢學會去面對分離,因為我們總會長大,即便是父母也不可能長伴我們左右。

▶▶ 克服分離焦慮

　　試著多去營造自己的獨處空間,這樣在面對分離時就會慢慢從接受、適應到習慣。讓內心變得堅強,逐漸養成獨立的態度,當產生分離焦慮時,先平衡好自己的心態,告訴自己這是正常的,然後轉移注意力,做些感興趣的事,這樣可以幫助緩解焦慮的情緒。

自 我 管 理 我 最 棒

　　分離焦慮是人類很常見的心理狀態,如果不加以控制和調整,就會讓我們的生活變得一團糟,還會讓我們無心學習。父母也有屬於他們的生活,我們要學會慢慢地放手,不要因為短暫的分離而難過。

情緒
日記

快要期末考啦！

　　馬上要期末考了，小花希望能考個好成績，這樣既能建立自信，還能讓爸爸、媽媽高興。但是她把這次考試看得太重要了，所以逐漸陷入考前焦慮。小花每天都複習到很晚，還時常做惡夢，夢到來不及寫完考卷或考得很差，導致隔天上學整個人都無精打采的，而且學習效率也降低，以前十分鐘左右就能背起來的課文現在背了一兩天還記不住。

一分鐘漫畫

▶▶ 考前保持平常心

如果太過緊張反而會讓你表現失常。

　　考試前過度緊張會造成考前焦慮。這種焦慮會讓我們心神不寧、狀態不佳，導致學習效率下降。我們應調整好自己的心態，要知道考試只是對我們這段時間所學知識情況的評估，不要把考試的結果看得太重，保持適當的休息和充足的睡眠，以最佳的狀態去迎接考試吧。

▶▶ 時常進行自我鼓勵

　　面對焦慮時，除了要深呼吸放鬆下來，還要相信自己並經常讓自己養成積極的心理建設，比如每天起床時替自己加油，或者每天在複習完成後給自己一個小獎勵。這些鼓勵的行動能更明確的獲得自信感，讓我們在面對挑戰時變得更有勇氣。

加油，我是最棒的！

301考場

自我管理我最棒

　　過於重視考試會讓我們的心態出現問題，尤其容易產生焦慮。這會影響我們的正常發揮，因此要努力練習降低考前焦慮，保持一顆平常心。

焦慮的表現：

★ 失眠多夢，睡眠狀況變差。

★ 對自己的某些能力產生懷疑，失去自信。

★ 手足無措時有搓手、抓耳等一些小動作。

★ 坐立難安時在屋子裡來回走動和轉圈。

★ 被一件事情困擾，沒有心思做別的事情。

焦慮的危害：

★ 影響生長發育。

★ 導致身體不適，引發一些疾病。

★ 睡眠不安穩，精神不振、身體疲憊、乏力。

★ 注意力很難集中，記憶力減退。

★ 不願意接受挑戰，以致失去很多機會。

5

面對新事物，心臟撲通撲通跳

　　學校舉辦演講比賽，很多同學都報名參加了。小花心裡也想報名，但這對她來說是個全新的挑戰，因此她產生了很多顧慮和擔憂，想去嘗試但又害怕緊張而表現不好，現場一句話都說不出來。這幾天小花一直被這件事情困擾著，她不想放棄機會，但又沒信心可以好好表現，更害怕失敗後遭到大家的嘲笑。她把這件事情和小風說，在小風的鼓勵下，小花努力克服了焦慮，最後還在比賽中得到好成績。

▶▶ 準備充分可以降低焦慮感

大家好！

　　面對新事物，我們會感到焦慮，這是因為我們沒做好充分的準備。多做幾次練習，或多接觸讓我們感到焦慮的事物，預先演練可能出現的狀況，能讓我們暫時放下焦慮，專注於事情本身。在漸漸熟悉之後我們會更有信心，也就不再那麼焦慮了。

▶▶ 培養勇於挑戰的精神

　　「勝敗乃兵家常事」不能因為害怕失敗就拒絕挑戰。平時我們要培養自己勇於挑戰的精神，這樣就不容易排斥新事物，而會有一種想要征服它的想法。

　　挑戰的精神也會給我們勇氣和鬥志，幫助我們跳脫焦慮不安的情緒。對於喜歡挑戰的人來說，不確定的東西更能激發他們的熱情。

雖然面對新事物會感到不安，但我還是要勇於挑戰！

自 我 管 理 我 最 棒

　　我們在面對不熟悉的事物時最容易出現焦慮的情緒。因此化陌生為熟悉是我們走出焦慮的重要途徑。當然心態的轉換也非常重要，堅強的意志和樂觀的心態都是我們對抗焦慮的法寶。

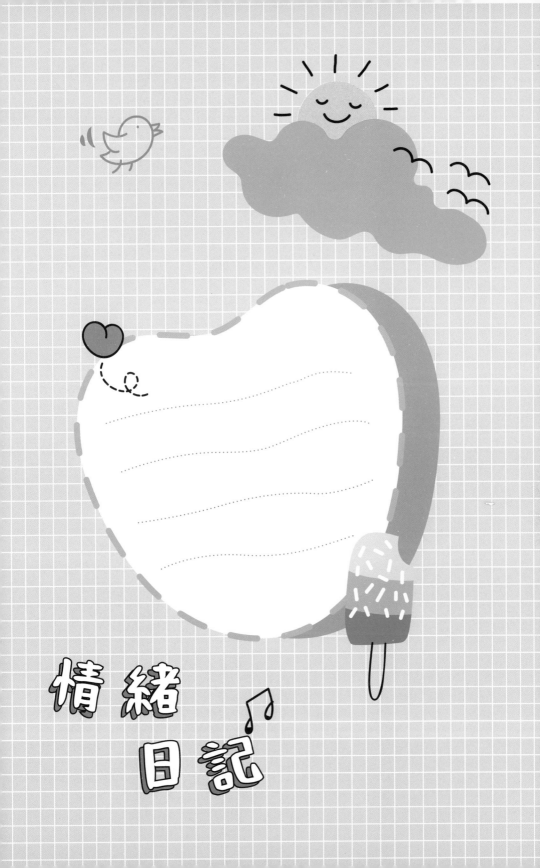

情緒日記

第五章

憂鬱感讓我變得不愛說話

父母的期望高

加油啊！認真努力學習就能有更好的未來。

　　小花從小就被父母寄予厚望，他們希望小花在各個方面都能出類拔萃。小花也很爭氣，常常被當作大家的榜樣。可是慢慢地小花越來越不開心，甚至有時候她感覺快要窒息了。活在父母期望裡的小花變得小心翼翼，因為她不敢犯錯，害怕父母會因此而失望。在巨大壓力下，小花變得鬱鬱寡歡。

一分鐘漫畫

不要驕傲自滿，人外有人、天外有天啊！

我不能辜負爸爸媽媽的期望。

▶▶ 壓力憋在心裡會產生憂鬱情緒

如果你覺得自己長時間受到壓力大的困擾，一定要尋求合適的方式去排解壓力。父母的高期望很容易讓我們心理壓力增大，對自我的期望也會過高。但是如果達不到預期，就會產生悲觀的情緒，無法走出沮喪、憂愁、自卑的漩渦，長久下來就會產生憂鬱情緒。

▶▶ 正向看待父母的話和鼓勵

父母對我們有期待，希望我們變得優秀是很正常的。但如果他們的期望對我們造成壓力，可能是因為我們過於在意他們的期望。很多時候父母是希望我們多努力，成為一個具有上進心的人。只要我們真的努力過了，無論結果如何保持平常心，他們都會為我們感到驕傲。

只要我盡最大的努力，不論結果如何爸爸、媽媽也會諒解我吧！

▶▶ 把自己的實際情況告訴父母，尋求他們的理解和幫助

或許我可以和父母坦承我的壓力和痛苦。

如果感到自己無論如何努力都達不到父母的期望，不妨和他們坦承與溝通，把你的實際情況說出來，把你的沮喪和壓力清楚表達，尋求他們的理解。

自我管理我最棒

我們如果一味地朝著父母所期望的方向成長，不僅會覺得很累，還會覺得非常壓抑。因為有的時候父母並不瞭解我們的真實想法，因此溝通是必要的，而且父母的最大期望其實是我們能夠健康快樂。

情緒測驗：

讓你感到憂鬱的事情有很多，測一測每一件事情帶給你的憂鬱感程度吧！

1.父母不尊重我的想法，總是替我做決定：

□ 非常憂鬱　　　　□ 很憂鬱　　　　□ 一般

2.父母對兄弟姐妹比對我更疼愛：

□ 非常憂鬱　　　　□ 很憂鬱　　　　□ 一般

3.有很多心事，但是找不到傾訴對象：

□ 非常憂鬱　　　　□ 很憂鬱　　　　□ 一般

4.總是受挫還經常被限制：

□ 非常憂鬱　　　　□ 很憂鬱　　　　□ 一般

5.常感覺自己被忽視而且沒人關心：

□ 非常憂鬱　　　　□ 很憂鬱　　　　□ 一般

6.父母對我的期望太高，我感到壓力和負擔：

□ 非常憂鬱　　　　□ 很憂鬱　　　　□ 一般

憂鬱的情緒不要堆積在心裡，要學會自我排解。如果你經常感到非常憂鬱，一定要主動和父母溝通，尋求他們的理解和幫助。

經常被罵的我，好沮喪

小風從小接受的是權威式的家庭教育，爸爸很少認可或誇獎他。爸爸認為男孩子就是要歷練，只有挫折才能讓孩子快速成長。上了小學以後，小風的學習成績並不好，這引起了爸爸很大的不滿，他經常拿小風和一些成績優秀的同學做比較，對小風進行指責或批評。漸漸地，小風喪失了自信心，變得越來越自卑。每次遇到失敗，小風都認為是自己的問題，繼而陷入自責和愧疚中。

▶▶ 提高自己的判斷力和抗挫力

就算目前大家不看好我,我也要相信自己的價值。

　　父母是我們的心裡最重要的人,所以我們會想盡力去獲得父母的認可。其實父母也在學習如何做父母,每次做的事情不一定都是正確的,即使他們的出發點是好的,也有可能用錯方法。所以我們應該要有判斷力,才能分辨是非對錯。要提高自己的抗壓力,不要陷入自我否定太久,記得保持積極的態度才是對自己負責。

▶▶ 自信是自己慢慢建立的

　　遭遇挫折時,我們可能會失去自信,甚至覺得自己一無是處,因此變得憂鬱,甚至不想再努力和改變。其實自信是需要慢慢建立的,先找到喜歡或擅長的事,擬定好短期的目標,這樣你就能逐漸看見自己的進步,也能幫助建立自信,不會因為別人的打擊而迷失自我。

我每次進步一點,慢慢累積下來就會達到父母的期待了!

自我管理我最棒

　　想要健康快樂地成長,首先要保持積極樂觀的心態,不能因為遇到挫折而喪失信心,甚至從此消極懈怠。不管別人怎麼看待自己,首先要自我認同,如果自己都不相信,想要得到別人的認可就更難了。放膽去嘗試改變,所有的努力都不會白費!

情緒日記

3 做什麼事都沒興趣

怎麼覺得做什麼事都沒興趣呢?

　　小花感覺最近做什麼都打不起精神,整個人變得很慵懶,早上賴床導致上學總是遲到。上課時小花經常分心,注意力變得很難集中。而且她發現對很多原本有興趣的事情也失去興趣。她變得不太想和別人互動。朋友們約她週末去郊外野餐,她拒絕的原因是需要靜一靜。小花察覺了自己的變化,也不喜歡這樣沮喪的自己,她覺得必須要做出改變了。

真希望可以像小鳥一樣自由自在的生活。

運動會

加油!　加油!

▶▶失去興趣可能是陷入憂鬱的情緒中

憂鬱的時候,我們的身心會被一股巨大的負能量籠罩,很難對其他事提起興趣,常常會覺得做什麼都沒有樂趣,這會嚴重影響我們的日常生活。首先,我們要意識到這種情緒的危險性,主動做出改變。冥想是一個非常好的辦法,它會讓你做事情更專注,也更容易整理思緒。

▶▶ 接受並重視自己所有的情緒

憂鬱情緒對我們的生活和健康非常不利,它會讓我們延伸其他的負面情緒,比如悲傷、緊張、內疚,還會引發倦怠感。如果憂鬱情緒來了,不要恐慌、不要緊張,更不要強迫自己去偽裝成一副積極樂觀的樣子。

是不是我太敏感了?為什麼常常沒有原因的感到傷心?

自我管理我最棒

憂鬱是一種難以自我控制的情緒。在日常生活中,我們不要過度壓抑負面情緒,而要及時消化它,漸漸讓自己遠離憂鬱情緒的影響。我們可以試著積極地融入團體生活中,做一些有益身心的活動。

憂鬱的表現：

★ 經常莫名其妙地情緒低落。

★ 有事悶在心裡，找不到可以傾訴的人。

★ 對很多原本充滿興趣的事情喪失興趣。

★ 總是以悲觀的角度看問題。

★ 不喜歡與人交談，不願意出門。

憂鬱的危害：

★ 食欲減退，導致體重下降。

★ 邏輯能力變差、反應遲鈍，導致學習困難。

★ 社交能力變弱，導致沒有朋友。

★ 長久下來會誘發憂鬱症。

好想聊聊自己的心事

　　小花不善言辭，常常不知道該怎麼與人交流。隨著年齡的增長，她有了越來越多的心事和煩惱，比如：學業上的壓力、家庭關係上的問題、社交問題……等等。她不知道該去找誰傾訴，也不敢將自己的心事告訴別人，她找不到一個發洩的出口。可是將所有事情都埋在心底真的太壓抑了，所以她變得越來越悲觀，後來她想到了一個好方法。

109

我是永遠不會被打敗的。

▶▶情緒需要發洩

憂鬱情緒就像垃圾桶裡的垃圾，需要隨時清理。難過的時候要將情緒發洩出來，而不要假裝沒事。懂得排解負面情緒是一種非常優秀的能力，可以透過日記把想說的話寫下來，或者說給好朋友聽。如果可以多去郊外走走，特別是風景遼闊的地方，都能幫助我們敞開心扉。

▶▶ 憂鬱情緒的價值

憂鬱情緒會讓我們的內心更加脆弱敏感，從而激發我們在藝術方面的創作欲望。通過寫日記的方式發洩情緒，從某種角度來講也能提升我們的文字表達能力。因為憂鬱情緒能使我們在情感上更加細膩，當看到他人受負面情緒困擾時，我們也會更加感同身受富有同理心。

我好像對文學創作滿有天分的。

自我管理我最棒

有心事試著講出來或寫下來，這樣可以會讓自己生理和心理上的得到紓壓。及時找到自己不快樂的原因，嘗試著解決問題。如果很難解決，也要想辦法排解自己憂鬱的情緒。也可以多去戶外做運動，會幫助心情變得更舒暢。

情緒日記

爸爸、媽媽吵架，我該怎麼辦？

　　石老師發現最近小風的情緒出現一些變化，不像之前那麼活潑開朗，也很少看到他下課和同學們打鬧。原本出了名的「小皮猴」突然安靜了下來，這讓石老師感到很意外，心想著是不是發生什麼事情了？後來石老師和小風聊一聊，才知道原來小風的父母最近總是爭吵不斷，這讓他的內心造成非常大的傷害，還讓小風產生了自卑和自責的情緒。

一分鐘漫畫

▶▶ 努力讓自己變得更好，減少成為吵架的焦點

只要我用功讀書，爸媽至少不用因為我的課業而吵。

面對父母的爭吵，很多時候我們無能為力，更沒有辦法去判斷對錯。但是我們可以努力把自己的事情做好，讓父母安心，不要讓父母因為我們而再次陷入爭吵當中。

▶▶ 調整好心態，儘量不要讓家庭關係影響自己

在父母爭吵時，如果你無法去調解，也無法改變現狀，就試著放寬心。他們是成年人，有選擇的權利，我們不能讓這件事影響到自己的身心發展，更不要把這當成一道無法彌補的裂縫，因為這些可能都是階段性的。多讀書、多看一些故事和道理，會幫助你渡過困境，為你指出正確的方向。

不論現在如何，總有一天你會羽翼豐厚，離開父母自由地飛翔。

自我管理我最棒

家庭關係是我們成長過程中最常遇見的問題，當我們陷入困境時，常常因為內心脆弱，會產生很多負面的情緒。長久下來很可能引發憂鬱。如果我們不想被負面情緒影響，就要想辦法減少負面情緒。我們可以選擇看書，因為看書會讓我們轉移注意力，思考更多面向。

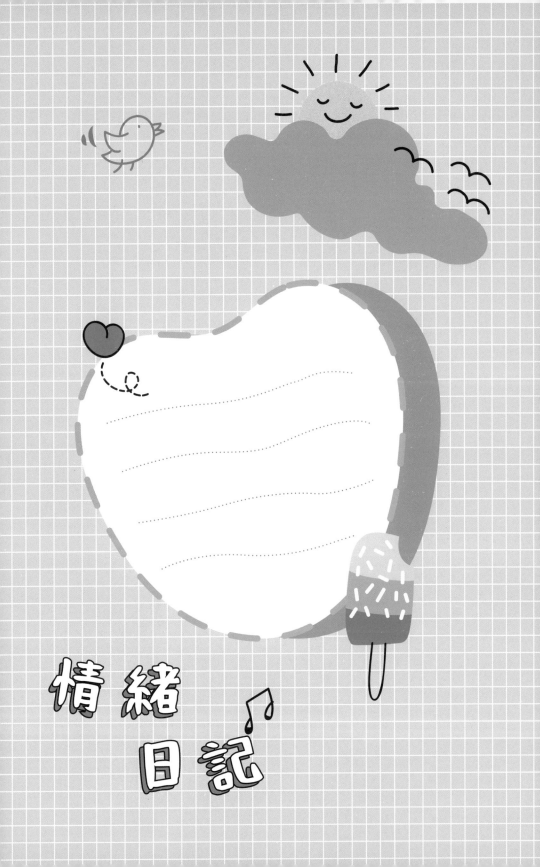

情緒
日記♪

第六章

打包悲傷，
讓自己變身成情緒超人

1

八月永遠離開我了

　　鄉下的外婆家養了一隻狗，因為是在八月出生的，所以取名叫八月。牠長得很強壯，平日是看家的好幫手。八月的性格內向，常常是外婆怎麼叫都不過來，唯獨和小花格外親近。小花也特別喜歡八月，每次去外婆家都會和八月膩在一起。可是今年秋天的八月因為年紀大了，天氣轉涼加上生病，過沒多久就死了。小花得知消息後，傷心得幾天吃不下飯，整個人都瘦了一圈。

小花，別再哭了，出來吃點東西吧！

不就是隻狗嗎？爸爸明天給你買一隻一模一樣的回來。

119

熊博士有話說

我們一起認識悲傷的情緒。

▶▶ 認識悲傷

　　悲傷是一種很強烈的情緒，在你失去某個你非常珍惜的東西時，你會感到悲傷。陷入悲傷情緒中的你，會生氣、易怒，儘管你平時可能並不是這樣的。悲傷還會導致你精神不振，影響你的食慾和正常活動，長久下來甚至有可能引發憂鬱情緒。

▶▶ 適應失去

　　悲傷持續的時間，是從你無法面對到漸漸能夠接受所需要的時間。小孩需要的時間通常更長，因為孩童失去的經驗相對較少，調整情緒的速度更慢。適應失去的過程包括：回想和面對事實，表達情感和積極面對生活。你不可能全部忘記，但隨著時間流逝，你應該能接受、適應，不讓悲傷影響你的正常生活。

我們雖然失去了很重要的人或東西，也要學會面對。

自我管理我最棒

　　面對離別我們都會感到悲傷，這源自於我們的捨不得以及分離對我們產生的影響。但是悲傷不要持續太長時間，否則會對我們的身體造成傷害。試著做一些事去保留這段珍貴的回憶，也會讓我們悲傷的情緒得到轉移。

情緒日記

感覺我被排擠了

　　和小花坐在一起的芳芳最近搬家了,現在芳芳和小鑫住同個社區,所以他們約了放學一起回家。小花看她們整天形影不離的,好像有說不完的話。她覺得自己在旁邊卻無法融入,有種被冷落的孤單和難過,讓小花認為好像就快失去芳芳這個朋友了。今天芳芳下課又和小鑫一起玩,小花看著她們的身影,傷心得快哭了。

小花,
你怎麼了?

123

▶▶ 真正的朋友，是希望對方變得更好

沒事，妳有新朋友，我也很替妳開心。

自從搬家之後，都沒有和妳一起走，真是對不起。

好朋友未必可以時常在一起，你們可能會因為各種原因而變得聚少離多，但是彼此的心是記得對方的。所以不要因為對方有了新朋友而傷心，反而是要替她感到開心，因為她又多了一個朋友陪伴她。如果你因此覺得孤單，也試著去多交一些新朋友吧。

▶▶ 從積極的角度去看待問題

在悲傷的時候，看待問題的角度往往也會比較悲觀，這時就需要我們試著調整，從積極的角度去看待問題。任何事物都有一體兩面，樂觀的心態會讓我們更快地忘掉悲傷。記得不要因為錯過星星而哭泣，否則你將會錯失月亮。

我可以培養和芳芳相同的興趣，這樣我們可以有更多共同話題。

自我管理我最棒

當遭到朋友的疏離和冷落時，我們會感到悲傷是正常的，但請記住維持友誼的方式是彼此的珍惜。找機會好好和朋友聊一聊，不要自己亂想而黯然神傷。結交新朋友如同展開新的旅程，見識以往未曾見過的風景，會有許多新的驚喜和體驗。無論是自己還是朋友，都要把握新的友誼。

情緒測驗：
你的心中隱藏了多少悲傷？

1.當你情緒低落時，你通常會做些什麼：

找一個人傾訴 → 1分　　　　　　約好友去玩耍 → 2分

自己一個人躲起來 → 3分

2.最近你在大家面前放鬆大笑的時候多嗎：

很多 → 1分　　　偶爾 → 2分　　　沒有 → 3分

3.你有沒有把內心的秘密跟好友說過：

有幾個人知道 → 1分　　　　　　有一個人知道 → 1分

沒有人知道 → 3分

4.除夕晚上，看到滿天煙火，你會想什麼：

美景不容錯過 → 1分　　　　　　要是每天都放煙火該多好 → 2分

美好的東西總是太短暫 → 3分

5.當你獨自聽音樂時，會不會出現流淚的情況：

不會 → 1分　　　　　　　　　　看是什麼歌 → 2分

會 → 3分

6.覺得食慾不好，不想吃東西：

幾乎沒有 → 1分　　　　　　　　偶爾出現 → 2分

經常 → 3分

結果分析：

6～8分：悲傷指數★★

從測試結果來看，你是個樂天派。你最大的優點，就是不為過去的煩惱而糾結，遇到事情會想辦法解決，解決不了就會讓它過去。寧可將情緒表露出來，也不會藏在心底。

9～14分：悲傷指數★★★

從測試結果來看，你不是那種想哭就哭、想笑就笑的小孩子。你可以消化自己的情緒，很快找到出口，不能解決的問題你也能及時找到可以信任的人傾訴。憂傷也許能困擾你一時，但徹底擊垮你根本是不可能的。

15～18分：悲傷指數★★★★

從測試結果來看，你比別人更敏感細膩，很難紓解心裡的負面情緒。你非常善於隱藏自己的真實感受，不願意因自己的脆弱而影響周圍人們的情緒。你不會輕易相信別人，獨立堅強的個性使悲傷的情緒累積在你的內心深處，難以釋懷。

3 父母工作忙，經常一個人在家

　　小風從懂事開始，不知道獨自一人度過了多少個夜晚。因為他的父母工作忙碌，很少有時間陪伴小風，他很多次都是半夢半醒時聽到父母開門的聲音。小風明白父母辛苦地工作是為了提供他更好的生活條件，但小風還是覺得很孤單。今天是小風的生日，答應陪小風過生日的父母還沒回家。小風一個人在家，窗外下著大雨，家裡安靜到能聽見自己的心跳聲，讓小風特別傷心。

一分鐘漫畫

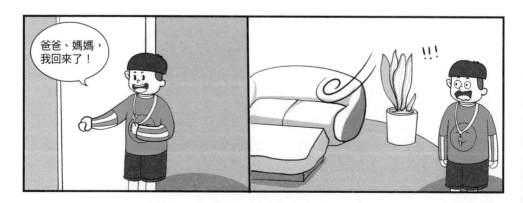

熊·博·士·有·話·說

▶▶成長的過程是孤獨的

> 爸爸、媽媽好愛你，怎麼可能忘記你的生日？

每個小孩子都害怕孤獨，但在你的人生中，你常常會面對孤獨。雖然你會覺得寂寞，甚至感到自己被忽視了，但你也會逐漸成長為獨立、有主見的人。

可以給自己一點空間，但不要因此而自我封閉。你如果因為孤獨而感到悲傷，也許可以換個角度去嘗試享受孤獨。

▶▶ 悲傷的時候就痛痛快快地哭吧

有很多時候，特別是男孩子會被這樣要求，如果哭了就會被認為是軟弱的，但其實哭泣是一種宣洩悲傷情緒的自然行為。當你發覺自己悲傷得難以抑制的時候，就痛痛快快地哭一場吧！雖然眼淚其實解決不了問題，但能釋放負能量。記得要放下悲傷，輕鬆自在地生活。

> 你知道嗎？哭也是一種勇敢的表現。

自我管理我最棒

我們不要誤會父母沒有空陪伴我們是不愛我們的，反而他們其實是在努力為我們創造更好的生活。學會站在對方的角度去思考問題，就更能體會到父母的用心良苦。請記得不要害怕孤獨，獨處的時光也可以很美好。

情緒
日記

我討厭被取綽號！

> 小豆芽，早安。

升上四年級後，班上的同學都成長發育得很好，有不少同學長得又高又壯，可是小花依舊是班上最瘦小的女生，一副弱不禁風的樣子。雖然爸爸、媽媽時常給小花買各式各樣的好吃的東西來補充營養，但小花還是長得沒有同齡的同學高。不過，小花從沒在意這件事，直到有一天班上的同學給她取了綽號，後來又被大家傳開了，小花因此感到自己真的很受傷。

131

熊·博·士·有·話·說

▶▶ 討厭的時候要表達，無心的惡意不予理會

我不喜歡他們這麼叫我。

當別人用你的缺點給你取綽號時，你肯定會覺得氣憤又傷心，記得此時不要忍耐，要把話說清楚，讓對方知道你不高興。如果對方在沒有惡意的情況下給你取了綽號，那就不用理他了。不回應就能讓他感到無趣，隨著時間過去，綽號自然就會消失了。

▶▶ 被傷害的時候除了悲傷，還要學會反擊

如果你被惡意的綽號影響到很受傷，你就必須學會反擊，瘦小並不代表好欺負，眼神、氣勢、待人處事的作風都會讓你的形象變得強大起來。要記住無論你處於什麼的劣勢，都不是別人欺負你的理由，只有軟弱才是。因此要讓自己變得強大，你才可以拒絕來自外部的傷害。

你懂得尊重對方的禮貌嗎？

自 我 管 理 我 最 棒

如果受到傷害而傷心難過，千萬不要把悲傷悶在心裡，也不要用別人的錯誤來懲罰自己。勇敢堅強的去解決問題，軟弱只會讓自己更加受傷。試著做一個堅強的「情緒超人」，不管遇到什麼，都要記得樂觀堅強。

悲傷的表現：

★ 鼻子酸、胸口悶，抑制不住地想要流淚。

★ 痛哭流涕或哽咽啜泣。

★ 大腦一片空白，對周圍事物的感知力變差。

★ 會有喉嚨發緊、耳鳴等狀況出現。

悲傷的危害：

★ 讓人食慾不佳，使胃腸功能減退。

★ 人在極度悲傷的狀況下，心肺功能都會受到損傷。

★ 導致神經傳導紊亂，容易感到崩潰。

★ 悲傷時間太長會引起憂鬱情緒。

無心的氣話，讓我很受傷

　　學期末時學校舉辦親師座談會，小風的媽媽參加完後回到家，就將小風嚴厲地責罵一頓，還說了很多氣話。儘管小風知道這些話都不是出自媽媽的真心，但他還是覺得很難過。因為小風覺得已經很努力了，他不想成為讓父母失望的孩子。他也明白自己有很多不足，卻沒想到媽媽將他說得這麼一無是處。小風感到自尊心遭受很大的打擊，因此這兩天他吃不好也睡不好。

一分鐘漫畫

135

熊·博·士·有·話·說

▶▶ 正向看待父母的無心之語

> 小風，要相信你媽媽說的是氣話啦！你想看看平常你媽媽對你多好啊！

　　在日常生活中，人們在生氣的時候，為發洩自己的情緒，可能會說出一些傷害他人的話。父母也是如此，他們在不理智的狀況下也會說出難聽的氣話。之所以說是氣話，是因為這些話未必出自他們的真實想法。因此我們要理性地去判斷，這樣就能減少氣話帶來的傷害。

▶▶ 懂得包容，學會換位思考

　　父母是孩子生命中最重要的人，他們說的話，我們自然會很在意。如果他們說了嚴厲的話，我們當然會很傷心。因此我們要練習換位思考，每位父母在養育孩子的時候都是非常辛苦的，他們的教育方式可能有時並不完全正確，但他們絕對是全心全意愛我們的。

> 媽媽還是會誇獎我，她不當著我的面說是怕我會驕傲。

> 我家小風是個開朗懂事的孩子。

自我管理我最棒

　　人在情緒失控的情況下，很容易口不擇言，所以我們不要把氣話當真，可以在對方冷靜下來後進行求證和溝通，這會比躲起來偷偷流淚更好。如果對方是在無心的情況下說的，那就學著體諒別人，這麼做會讓彼此關係都變得輕鬆。

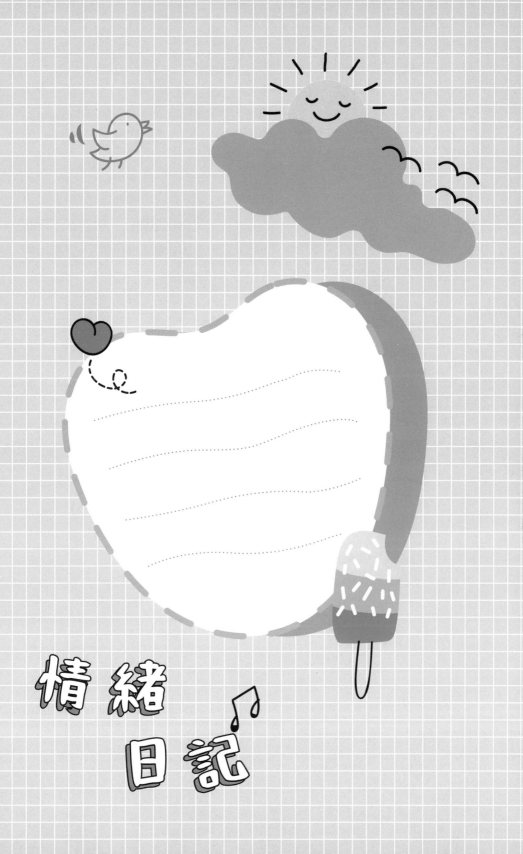

情緒
日記

第七章

我不是叛逆，只是
想表達真實的自己

爲什麼脾氣總是這麼衝

小花最近總是脾氣很衝，做作業時爸爸叮囑她要好好學習，她突然就把作業扔到一旁不想做了；媽媽勸她整理房間，她卻故意把東西扔得亂七八糟；媽媽給她買的新裙子她堅持不穿，每天只穿那套皺巴巴的舊衣服；游泳教練教大家游泳姿勢和換氣技巧時，小花也不認真聽，一直堅持自己的方法。她討厭大人們的管教，她認為自己是個大孩子了，自己的事情可以自己做主。

▶▶ 叛逆是獨立意識的覺醒

你知道你為什麼喜歡和父母唱反調嗎？

　　叛逆的根本來源於獨立意識的覺醒，當我們對這個世界的很多事物都開始有自己的認知時，就會對大人的話表示懷疑和不認同。如果我們的建議長時間得不到採納，就會變成以行動表示抗議。形成獨立意識是成長中非常重要的過程，這意味著我們長大了，有了獨立思考的能力。

▶▶ 不要為了叛逆而叛逆

　　有獨立意識很好，但不能為了叛逆而叛逆。小孩子在心智上並沒有那麼成熟，許多事情的好壞還無從分辨，因此還是要儘量多聽取大人的意見，不能遇到任何事情都故意和大人唱反調，這樣做只是害人害己。真正的獨立是做出正確的決定，才是成熟的表現。

看來媽媽提醒我刷牙，是為了我的牙齒健康！

自 我 管 理 我 最 棒

　　當我們的內心對一些事情產生抗議的衝動時，剛好是我們獨立意識覺醒的時候，這說明我們長大了，有了獨立思考的能力。但是我們的認知還很稚嫩，也非常容易受到叛逆情緒的影響，以致誤入歧途，所以學會管理自己的叛逆情緒是非常重要的。

情緒日記

做個不挑食的乖小孩

小花從小身體就比較瘦弱，醫師說她有點營養不良。媽媽為了給她提供營養均衡的飲食，每天用心做出好吃的料理。但是小花有一個非常不好的習慣——挑食，她連一口都不吃胡蘿蔔、番茄，每次看到就全都挑出來放在一邊，只吃自己喜歡吃的。爸媽為此很傷腦筋，媽媽每次都會在小花的碗裡夾許多她認為健康的菜，提醒她要多吃點，可是越是這樣，小花越是不合作。因為她一樣挑好吃的就多吃、不好吃就不吃。

一分鐘漫畫

145

▶▶挑食很可怕

妳知道挑食對健康造成的傷害有哪些了吧！

有些孩子小時候挑食，因為孩子的味蕾更敏感，對一些特殊的味道不喜歡，所以往往只吃自己喜歡吃的。但這是一種非常不好的習慣，因為不同食物中的營養成分是不同的，長期挑食的話會導致營養不均衡，進而導致生長發育停滯，嚴重的還會使大腦發育不良。

▶▶ 勇於嘗試，克服挑食並不難

挑食分兩種情況：一種是主觀認為某種食物不好吃，比如「爸爸媽媽越是要我多吃，我就越不吃」；另一種是本能地排斥，像是「從沒試過，因為看起來不好吃」。對於本能排斥的食物，可以練習嘗試，說不定會符合我們的口味。或者轉換心態：食物肯定不會像藥那樣難吃，為了健康，還是要吃一點。

我可以先試著吃一點點就好嗎？

自 我 管 理 我 最 棒

　　喜歡吃什麼、不喜歡吃什麼雖然是我們的自由，但是為了自身的健康，我們還是儘量不要挑食，尤其不要為了反抗父母而去挑食。可以看一些關於營養方面的書籍，能幫助我們瞭解營養不均衡的傷害，也更能理解父母的用心照顧。

情緒測驗：

你是個叛逆的孩子嗎？（肯定得1分，否定不得分）

1. 你不喜歡聽別人的意見，不喜歡按別人的話去做嗎？

2. 如果父母或老師再次叮嚀同一件事，你會感到厭煩嗎？

3. 你喜歡與老師唱反調的同學嗎？

4. 你是否很討厭班級幹部的指示，而故意不按他的要求去做？

5. 老師和父母越是希望你學習用功，你越是不想學習嗎？

6. 你認為老師的話存在很多問題，有很多漏洞嗎？

7. 你覺得與眾不同很好嗎？

8. 你特別想嘗試一下別人不敢做的事嗎？

9. 你是否喜歡做一些能引起很多同學注意的事？

10. 越是禁止的東西，你越想設法得到嗎？

結果分析：

0～3分：還沒有叛逆心理
遵守規則、紀律，只喜歡做該做的，不去做不該做的。

4～6分：有一點叛逆傾向
激動時可能會喪失理智、意氣用事，有時會做出一些不該做的傻事。

7～10分：有叛逆心理
所想的和所做的總是與眾不同，不遵守規定。如果沒意識到這問題的存在，再加上不努力克服，很容易成為不受歡迎的「獨行俠」。

3 覺得父母管太多

你管管小風,這孩子最近有點叛逆,我講什麼他都唱反調!

　　對於爸爸、媽媽總是喋喋不休地說教,常針對一個問題說好幾遍,讓小風感到很煩。小風覺得這些道理他都懂,爸爸、媽媽反復的提醒是對他不信任的表現。小風非常渴望爸媽能把他當作大人,不要去干涉他,能夠讓他自由做選擇。但在父母眼中,小風就像那種不服管教、經常犯錯的小孩,所以越講他,他就越叛逆。

戚小風,你功課寫完了沒?怎麼在看電視!

▶▶ 叛逆是孩子向父母的不信任表示不滿

我已經長大了！您怎麼還把我當小孩子呢？

我們一旦覺得自己長大了，就開始渴望爸爸、媽媽給予我們尊重與信任，渴望能儘早擺脫爸爸媽媽的管教和束縛。所以即便父母說的是正確的，我們也不太想聽，認為這些道理自己都懂，父母的說教只會增添我們內心的厭煩，並把這些看作父母對自己的不信任。

▶▶ 不喜歡被強迫著做事情

我們在幼兒階段還不能分辨自己的和別人的意願。漸漸地，我們開始能分清哪些事情是別人想讓我們做的，哪些事情是自己想做的。當你陶醉於自己喜歡的事情時，如果大人強迫你結束，你肯定會反抗，或者根本不理大人。如果父母強硬規定，你會認為自己的想法沒有得到父母的尊重。

他們總是這樣，不尊重我的感受！

自 我 管 理 我 最 棒

面對父母的說教，我們會覺得很煩，但是我們應該試著先調整好狀態，然後再平靜地表達出來。不然父母看到我們不耐煩的神情，也會很受傷的。父母的初心其實是為了幫助我們更好，所以我們在面對父母的提醒時要多一點耐心聽完。

情緒
日記

....
....
....
....
....

頂撞父母，我也很難過

爸爸很辛苦，我真的不該頂嘴。

　　從兒時開始，小風就從父親口中聽到很多否定的聲音。走路被批評姿勢左搖右晃；吃飯被指責目無尊長不懂餐桌禮儀；做作業被訓拖拖拉拉、效率低；就連生病時無精打采，都會被說成不夠堅強。因此他越來越反感父親的批評，不能接受這種關心的方式。後來他漸漸開始用頂撞和反駁來表達不滿，但每次頂撞後他又會覺得很難過。

爸爸怎麼還沒睡啊？

你去哪了？這麼晚回來。

153

熊博士有話說

▶▶ 有則改之，無則加勉

頂撞父母的行為，可不是一個懂事、孝順的孩子會做的事情。

　　無論父母對我們的教導是否完全正確，方法上我們是否能夠全部接受，頂撞父母都不是好選擇。言語的刺激會造成更心理傷害。我們應該冷靜分析、理性思考，這樣才能對父母的教導有更清晰的判斷。在態度我們要恭謹謙和，要讓父母明白我們已經意識到錯誤，再努力改正，或者用行動去證明自己。

▶▶ 找對方式，和父母正確溝通

　　你可以發表不同觀點，但首先要靜下心來，讓父母把他們想說的話說出來，而不是摀住耳朵拒絕接受。要明白是因為他們當你的父母，所以才會不厭其煩地把自己認為對的觀點講給你聽，父母的目的是希望你能少走冤枉路。你可以先努力做幾件他們認為正確的事，得到他們的信任，然後再表達想要自己做選擇的意願。

爸爸，對不起！我不應該頂嘴，我希望可以再和您好好聊一聊。

自我管理我最棒

　　頂撞父母不僅無法讓父母瞭解我們的真實想法，更無法獲得父母的尊重和理解，反而會被認為是不懂事的表現。所以和父母意見不同時，要冷靜溝通，記得表達時要將心比心。

叛逆的表現：

★ 不喜歡聽取父母的意見，甚至會大聲反駁父母的意見，堅持自己的看法。

★ 越是父母不允許的事越想做。

★ 對於父母再三叮囑的事情會表現出厭煩情緒，甚至會做出一些激動的行為。

★ 不喜歡按照父母說的做，對父母提出的要求會不假思索地抗拒。

叛逆的危害：

★ 做出一些不夠成熟、不夠冷靜的決定。

★ 說出一些傷害父母的話。

★ 不聽勸阻、不顧忠告，做出一些錯誤的行為。

★ 受情緒影響無法明辨是非，造成不好的結果。

5 學會馴服自己心中的小刺蝟

我應該要和爸媽溝通一下，讓他們知道我有被強迫的感受。

　　小花發現自己的內心藏著一隻「小刺蝟」，它會時不時地跑出來，維護主人的自尊心，努力贏得大人們的尊重。小花很感謝「小刺蝟」，它喜歡對抗的性格讓原本膽怯、柔弱的小花做了很多想做卻不敢做的事情。但是「小刺蝟」有時又太莽撞了，它的不顧一切讓身邊很多愛小花的人都受傷了，因此小花決定開始努力去馴服「小刺蝟」。

一分鐘漫畫

小花，去摺好你的被子。

叫我去我偏不去！要不要摺被子是我的事！

心態調整前

157

▶▶ 叛逆是心智走向成熟的必經之路

妳最近怎麼這麼叛逆？

　　從某種程度上講，叛逆心理是成長的標誌，心靈的成長與身體力量的成長是分不開的，當我們發現自己有更多的自主權，便開始為滿足自己去做想做的事情了。叛逆的某些行為是出於內心的真實需要是正常的，但要好好與父母溝通，減少意氣用事。

▶▶ 試著溝通，不要一意孤行

　　表達要有技巧，你可以提議召開家庭會議，在正式的氣氛下、父母都理性時，清楚表達自己的想法，讓父母意識到你已經長大了可以獨立的思考了。你調整自己的叛逆心理，避免一意孤行，溝通不僅有助於減少矛盾，還能幫助你表達自己真實的想法。

自我管理我最棒

　　盲目的叛逆，只會在錯誤的道路上越走越遠，因為我們目前還年幼，認知還不完善，很可能被別有用心的人利用，以致誤入歧途。因此我們要學會和成熟的大人溝通，有效的溝通能幫助我們更快地實現獨立自主的願望。

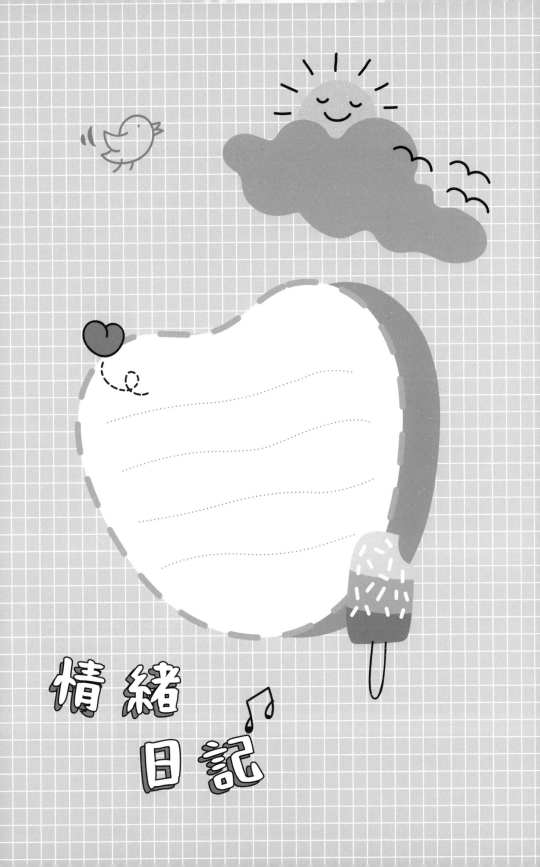

情緒日記♪

知識館

知識館 0019

我能管好我自己01：漫畫小學生情緒管理

我能管好我自己：漫画小学生情绪管理

繪・作者	讀書堂（读书堂）
責任編輯	蔡宜娟
語文審訂	張銀盛（台灣師大國文碩士）
封面設計	張天薪
內頁排版	連紫吟・曹任華

出版發行	采實文化事業股份有限公司
童書行銷	張惠屏・侯宜廷・張怡潔
業務發行	張世明・林踏欣・林坤蓉・王貞玉
國際版權	施維真・劉靜茹
印務採購	曾玉霞
會計行政	許俽瑀・李韶婉・張婕莛
法律顧問	第一國際法律事務所　余淑杏律師
電子信箱	acme@acmebook.com.tw
采實官網	www.acmebook.com.tw
采實臉書	www.facebook.com/acmebook01
采實童書粉絲團	https://www.facebook.com/acmestory/

ISBN	9786263495647
定　　價	320元
初版一刷	2024年3月
劃撥帳號	50148859
劃撥戶名	采實文化事業股份有限公司

104台北市中山區南京東路二段95號9樓

電話：(02)2511-9798　傳真：(02)2571-3298

國家圖書館出版品預行編目資料

我能管好我自己. 1, 漫畫小學生情緒管理 / 讀書堂繪. 作. -- 初版. -- 臺北市：采實文化事業股份有限公司, 2024.03

160面；16×23公分. -- (知識館；19)

ISBN 978-626-349-564-7（平裝）

1.CST: 情緒管理 2.CST: 兒童教育

176.5　　112022887

線上讀者回函

立即掃描QR Code或輸入下方網址，連結采實文化線上讀者回函，未來會不定期寄送書訊、活動消息，並有機會免費參加抽獎活動。

https://bit.ly/37oKZEa

采實出版集團
ACME PUBLISHING GROUP

“本書繁體版由四川一覽文化傳播廣告有限公司代理，經北京竹石文化傳播有限公司授權出版”
文化部部版臺陸字第112284號，許可期間自112年9月23日起至116年12月29日止。